# GEDICHT VON DER QUELLE

*Lisa Michaelis*

# *Gedicht von der Quelle*

*Deutsche Erstauflage 2016*

*´Gedicht von der Quelle´ erschien 2016, bei Mayersche Buchhandlung, auch in dem Band ´Gesammelte Gedichte´.*

*Gewidmet meinem geliebten Sohn*
*Lars*

*Gebet eines bescheidenen Herzens*

*'Lass alle Bitterkeit sich im Ozean deiner Liebe auflösen.'*

## *Versuche nicht*

*Kämpfe nicht für Anerkennung,*
*sie wird nicht auf diese Weise*
*gehalten werden.*
*Schaue nicht außen nach Freude,*
*sie ist schon da in dir.*

*Warte nicht auf Erfüllung,*
*die immer innen fließt.*
*Ehre die Liebe in dir,*
*und du wirst sie überall finden.*

*Das, was schon da ist - überall,*
*beginnt zu erblühen*
*und auf dich einzuströmen,*
*in diesem Augenblick,*
*in dem du es einfach sein lässt!*

*Lass es sein, alles so wie es ist,*
*das Schlechte, das Gute,*
*das Hässliche und Schöne,*
*und alles dazwischen ist.*

*Akzeptanz ist der goldene Schlüssel.*

*Schweigen*

*Nichts mehr erschaffen,*
*lass es einfach sein.*
*Was als nächstes kommt,*
*das soll sein.*

*Der Vorhang*

*Fliegen und die Spinne*
*Gras und Kaninchen*
*Antilope und Löwe*
*Geburt und Tod*

*Frau und Mann*
*Mond und Sonne*
*Feminin und Maskulin*
*Eine Rose und ihre Dornen*

*Mutter und Baby*
*Guru und Sanyasin*
*Himmel und die Sterne*
*Lotosblüte und ihre Wurzeln im Schlamm*

*Deine Augen und die Welt*

*Das Licht*

*Es hat mich in*
*göttliche Ekstase geführt,*
*meinem Führer zu folgen,*
*in mir.*

*Wie Sternenlicht,*
*wie Sonnenlicht,*
*wie Mondlicht.*

*Das Siddha Licht,*
*es strahlt so hell,*
*in mir und dir.*

*Projektionen*

*Wünsche kommen und gehen,*
*sie projizieren ihre Vorstellungen,*
*auf Objekt über Objekt.*

*Sieh das Thema,*
*kapituliere und liebe.*
*Beende das Spiel*
*mit deinem karmischen Gepäck.*

*Lass zu, dass die Blume sich öffnet.*
*Lass die Liebe sein*
*und heile.*

*Die letzte Falle*

*Die Wünsche waren*
*dem Verblassen bestimmt,*
*sie verbrannten mich*
*bis auf die Knochen.*

*Gefühle der Verzweiflung*
*und des Verlustes,*
*ganz einsam und ohne Kraft.*

*Jetzt bin ich bereit*
*die Lehre anzunehmen.*
*Zeige mir alle jene Spiegel,*
*die ich nicht kennen will.*

*Wer da strebt nach Erfüllung*
*der Wünsche im Außen,*
*muss erkennen was im Inneren ist.*

*Erst das Dunkel,*
*doch nach dem Dunkel*
*kommt das Licht.*
*Verzage an der Seele Tiefe nicht.*

*Schau mutig weiter*
*in dein Angesicht,*
*Akzeptanz ist Heilung und Transformation.*

*Die Spiegel ändern sich*
*durch die Kreise des Lebens.*
*Die Herausforderungen bleiben,*
*bis wir sie lösen.*

*Im tiefen Inneren*
*findest du die Liebe und den Frieden.*
*Erkenne, die Harmonie der Seele*
*ist das Glück.*

## *Gedicht eines Morgens*

*Heute sah ich den armen Bettler*
*und die hässliche und kranke Frau,*
*zu Fuß auf den Straßen gehen.*
*Ich ging auf die andere Seite.*
*Ich schaute weg.*
*Ich aß mein Brot allein heute!*
*Es ging mir nicht gut dabei.*

*Was hatte ich getan?*
*Ich hatte Verluste gezählt.*
*Der Grund war*
*im Unterbewusstsein gespeichert.*
*Und während ich weg ging*
*bedeutete mir etwas zu bleiben.*

*Es kamen drei Menschen mehr,*
*der kranken und hässlichen Art.*
*Was Gott zeigst du mir?*
*Ich fand schmutzige Gedanken,*
*die die Armen und Kranken verurteilten,*
*in meiner Blindheit.*

*Ich fühlte Trauer*
*in meinem Herzen,*
*- es gibt eine höhere Fügung.*
*Die Führung in mir sagte mir,*
*dass ich nicht entscheide,*
*was ist oder was sein soll,*
*noch über die Finsternis*
*und auch nicht  das Licht.*

*Wenn einige von uns,*
*Gottes immer*
*strahlendes Licht nicht sehen,*
*dann soll ich nicht gehen.*
*Nein, ich soll mich nicht verstecken!*
*Das nächste Mal als die Frau kam,*
*teilte ich das Licht mit ihr.*

*Plötzlich sah ich ihr Gesicht,*
*ihre Augen begannen zu strahlen.*
*Die Segnungen*
*waren so stark heute!*
*Ich danke dir Gott,*
*dass du mich sein lässt,*
*in der Dunkelheit und im Licht.*

## *Karma*

*Ich werde kapitulieren!*
*Komm und helfe mir Gott*
*und lasse mich dich sehen.*

*Öffne den goldenen Ort,*
*wo Freiheit ist,*
*für meine arme Seele,*
*die ich bereit bin hinzugeben.*

*Dein Kind hat es versäumt,*
*dich zu sehen und  dich zu lieben,*
*hunderttausendmal,*
*und wartet immer noch auf dich,*
*in der Stille und im Licht.*

*Ich bin so müde,*
*von den ganzen Reisen.*
*Ich will nichts mehr wünschen.*
*Ich werde singen, was du singst.*

*Hier und Jetzt!*
*Kein Warten*
*und keine Hoffnung mehr.*

*Ich werde nicht entscheiden,*
*wer derjenige ist,*
*der es ist wert ist,*
*dein helles Licht zu scheinen.*

*Ewig, in deinem zu Hause,*
*der ganzen Natur.*
*Im Himmel spielst du*
*deine geistlichen Lieder.*

*Es gibt keine Eile und keine Zeit mehr.*
*Hier, wo alles was ist*
*göttlich ist.*

## *Mut*

*Ich sah,*
*mitten durch die verletzen Völker*
*und warum sie so falsch sind.*
*Konfrontiert mit der Angst*
*in dunklen Tagen.*

*Es war die gleiche alte Haut,*
*lass sie gehen.*
*Sein und deine Liebe verlieren*
*oder nicht sein*
*und  meine Liebe verlieren?*

*Ein kindischer innerer Kampf!*
*Mein Kind es bleibt im Licht!*
*Ich kann dem Licht vertrauen.*
*Ich fand den Frieden in mir.*
*Ein bescheidenes Gebet.*

*Liebe, die so hell leuchtet.*
*Niemand kann sie*
*von mir nehmen.*
*Die Liebe und*
*ihre weise Führung.*

*Ich habe keine Angst davor*
*tief ins Innere zu gehen.*
*Die Welt spielt ihre Spiele,*
*um Geld, Macht und Ruhm.*
*Es berührt mich nicht.*

*Ich bin schon gerettet.*
*Alles ist nur ein Spiel.*
*Gottes Rückkehr zum Licht.*
*In so vielen verschiedenen Formen,*
*zeigt er uns was wahre Freude ist.*

*Und wenn wir hinter*
*den Vorhang der Augen sehen,*
*kommen wir zur Quelle.*
*Dort ruht die höchste Einsicht.*
*Gott wartet auf uns alle.*

*Gott ist immer für uns da,*
*und verurteilt uns nicht.*
*Gott führt uns alle,*
*unbeirrbar und weise,*
*in die wahre Heimat.*

*Es ist nur unser Schicksal,*
*bedingungslos zu lieben*
*und sein endloses Lied zu singen.*

## *Eins*

*Eins ist die Heilung,*
*die Akzeptanz*
*und die Wahrheit.*

*Alles ist heilig,*
*ein heiliger Schrein.*
*Es ist das Göttliche.*

*Das Paradies ist hier.*
*Befreiung ist jetzt,*
*im Unendlichen.*

*Gottes Gnade*
*ist Liebe,*
*ewig und überall.*

## *Unsterblich*

*Die Außenwelt ist eine bloße Reflexion*
*des Inneren.*
*Also, was muss ich wissen?*
*Ich weiß nichts vom Tod.*

*Es gibt nur einen Übergang*
*der Körper,*
*von einem Zustand*
*in einen anderen.*

*In Wirklichkeit*
*gibt es keinen Tod,*
*weder für mich, noch für dich,*
*weil wir unsterblich sind.*

*In Gott ist nie jemand verloren.*
*In Gott ist alles Eins.*

*Der Glaube*

*Denke daran,*
*in den weltlichen Spielen*
*gibt es Gewinner und Verlierer.*

*In der Wirklichkeit gibt es,*
*nichts zu gewinnen*
*und nichts zu verlieren.*

## *Ewigkeit*

*Mit der Klarheit des Himmels,*
*schaue mit dem ewigen Auge.*

*Hier und Jetzt,*
*das was für immer ist.*

## *Jetzt*

*Ich liebe das Selbst,*
*in all seinen heiligen Formen.*
*Es gibt keinen Unterschied,*
*zwischen Rosen und ihre Dornen.*

*Ich sah die Menschen irren,*
*so egoistisch und gemein.*
*Sie suchen nach der Liebe am falschen Ort,*
*sie müssen in sich zurück kehren.*

*Ich sehe durch alle Hindernisse.*
*Ich bin für immer frei.*
*Der einzige Moment ist jetzt,*
*hier werde ich immer sein.*

*Wer steckt hinter diesem Spiel?*
*Das Selbst, nur das All-Eine!*
*Ich bin nicht mehr in der Falle,*
*begrenzt von diesem Rahmen,*
*zu glauben und zu meinen.*

*Natur*

*Die ganze Natur ist erleuchtet.*
*Das ist nur wie die Natur ist.*

*Das Geheimnis ist kein Geheimnis,*
*für den, der es begreift.*

*In der tiefsten Nacht,*
*leuchten die Sterne am hellsten.*

*Dunkelheit und Licht*
*existieren nicht ohne einander.*

*Die Tränen laufen immer weiter,*
*ich sehe sie.*

*Es gibt keinen Grund,*
*es ist nur Gnade.*

*Liebe, du bist das große Heil,*
*das einzige Heil.*

*Nicht glücklich*
*und nicht falsch.*

*Es gibt einen Fluss,*
*tief im Inneren!*

*Einen Himmel*
*und ein Lied!*

*Es ist*

*Es ist*
*innen und außen,*
*es hat kein Zuhause,*
*und ist überall präsent.*

*Es ist*
*im tiefsten Kern aller Wesen*
*und in allem Leben,*
*– das Selbst,*
*welches jenseits der Erscheinungen*
*und in allen Erscheinungen ist.*

*Das Hässlichste, das Schlechteste,*
*das Schönste und Beste,*
*sind auch nur Vorstellungen*
*über das Göttliche.*

*Es ist*
*nur ein Spiegelbild des Einen,*
*das sich in Zwei und den Vielen zeigt,*
*die Eins sind.*

*Es ist lebendig,*
*ohne Notwendigkeiten,*
*und wird seine*
*eigenen Möglichkeiten*
*und Formen wählen.*

## *Shiva*

*Shiva tanzt,*
*Shiva meditiert,*
*Shiva weint,*
*erschafft, erhält und zerstört.*

*Die Mutter der Welt*

*Es strahlt*
*ein helles Licht,*
*hinter einem Ozean*
*voll Tränen.*

*Ständig neu gebärend,*
*der Vollendung entgegen.*
*Unermüdlich in ihrem*
*Erblühen, Erhalten und Vergehen.*

*Überall erwacht*
*das göttliche Weibliche.*
*Sie kreist wie das Universum.*
*Und hinter allem Shiva.*

*Shiva und Shakti sind Eins.*

## *Das Selbst*

*Wie kann man glauben,*
*dass es ein Selbst*
*und ein Nicht – Selbst gibt?*

*Wie kann man glauben,*
*dass es einen Unterschied gibt*
*zwischen dem Selbst*
*und allen Formationen des Selbst?*

*Wie kann man glauben,*
*dass es voll oder leer ist,*
*wenn das Selbst ein lebendiges Ganzes ist?*

*Wie kann man glauben,*
*dass es den Tod gibt,*
*wenn es das Selbst gibt?*

## *St. Michael*

*Heute hast du uns gezeigt,*
*was die Liebe Gottes ist.*
*Ein Fluss voller Barmherzigkeit.*
*Gott ist allmächtig.*

*Du heilst die Kranken.*
*Sie brauchten Heilung*
*und nicht ein Ja - aber.*
*Die Quelle fließt durch dich.*

## *St. Michael und der Segen des Herrn*

*Ein goldener Segen*
*verschmolz mit mir,*
*mein Herz ist frei,*
*jetzt kann ich sehen.*

*Danke Gott,*
*du bist überall,*
*Halleluja!*

*Der alte Feldweg*

*Der Weg ist ewig,*
*ewig wie die Liebe.*
*Die Weite ewig,*
*ewig wie der Himmel.*

*Wahrnehmungen schmelzen,*
*zu einem Ganzen.*
*Eine Totalität,*
*die aus allem besteht.*

*Liebe,*
*ewig,*
*der alte Feldweg,*
*der Pfad des Herzens.*

*Alles ist,*
*nichts ist höher oder niedriger.*
*Nur unendliche, ewige Einheit.*

## *Venus*

*Die Liebe ist wie ein brennendes Feuer,*
*niemand kann sie zähmen.*
*Geboren um frei zu sein,*
*sie will verbinden und nicht binden.*

*Die Liebe ist wie ein Strom glühender Lava,*
*ein Wunsch in den Tiefen der Herzen.*
*Sie fließt weiter und weiter,*
*du kannst die Dämmerung nicht aufhalten.*

*Die Liebe ist eine Wahrheit.*
*Ehrliche Seelen bewundern sie.*
*Sie führt zurück nach Hause,*
*wenn alle Lügen aufgegeben sind.*

*Alle die ihr Licht sehen,*
*wissen, was richtig ist,*
*und was falsch ist,*
*ist leicht vergessen.*

*Elektrifiziert*

*Der Tag ist jetzt,*
*ich fühle dein Vertrauen tief in mir.*
*Ja, ich bin von deinem Licht geführt.*

*Ein Schauer lief über meine Haut.*
*Ja, ich war vom Licht berührt.*
*So stand ich nackt und allein,*
*die Tränen liefen die ganze Zeit.*

*Nein, nichts ist mehr da,*
*keine Finsternis und kein Licht.*
*Ich bin nur hier*
*und es gibt keinen Ort,*
*an dem ich mich verstecken könnte.*

*Ich bin nicht glücklich*
*und nicht traurig.*
*Kein Drama ist im Inneren.*

*Ich bin nur eine Seele,*
*auf die Erde geschickt,*
*dein Licht zu teilen.*

*Ich gebe einfach auf.*

*Der Schauer,*
*er geht weiter und weiter.*
*Am Tag und in der Nacht.*
*Es gibt keinen Tag mehr,*
*und auch keine Nacht.*

*Es gibt  nur göttliche Freude.*

*Wiedergeburt*

*Ich sehe den Baum,*
*das Gras und die Gänseblümchen.*
*Heute habe ich Gott gesehen.*
*Ich kniete nieder, um zu beten.*

*Es gibt kein Ich.*
*Alles bist du.*
*Du kamst auf mich nieder.*

*Es gibt kein Ich mehr.*
*Nein, es gibt auch kein Du.*
*Es gibt nur das wofür wir leben.*

*Die Schönheit, sie ist ohne Ende!*

*Gedicht des Tages*

*Bergfrühling,*
*glasklar, immer frisch.*
*Bodha ging zum Fluss hinunter.*

*Sie holte Wasser und*
*brachte es zum Meer zurück.*

*Sitzen am Ufer,*
*die Gezeiten beobachten.*
*Stille bleibt!*

*Die Liebe spricht*

*Von glimmenden Lichtern*
*im Außen verführt,*
*bevor es sie*
*in tiefere Dunkelheit zieht.*
*Bevor sie erkennen,*
*dass alle Bilder*
*bloße Gedankenformen sind.*

*Wenn einmal der Schmerz,*
*über die vielen Verkäufer*
*der Millionen Lügen,*
*dich so tief verletzte.*
*Dann hat die Liebe dich gewählt,*
*um alle Verunreinigungen zu verbrennen,*
*und die Sünde wegzuwaschen.*

*In ihrer Illusion*
*sind die Menschen schlimmer als wilde Tiere,*
*von den Dämonen der Lust*
*und des Luxus gefangen,*
*nur um sich selbst zu zerstören am Ende.*

*Die Liebe aber spricht:*
*Zähme mich nicht!*
*Ich bin frei!*

*Denn nur die göttliche Liebe weiß:*
*Ein einzelnes Herz,*
*es gibt kein solches Herz!*
*Eine einzelne Seele,*
*es gibt keine solche Seele!*

*Nicht alle können das Jenseits sehen!*

*Yog*

*Eine Einheit*
*– das und nichts Anderes.*
*Die völlig lebendige Ganzheit,*
*die leer ist.*
*Die Gesamtheit des Lebens,*
*ohne Tod.*

*Wir teilen dieses Leben,*
*ob wir wollen, oder nicht.*
*In Wirklichkeit ist alles Leben*
*untrennbar miteinander verbunden.*

*Es gibt keine*
*kleinsten Gedanken, Emotionen*
*oder Taten, die kein Echo haben.*

*Es gibt keine wahre Liebe,*
*die jemals verloren geht.*

*Schau in den Spiegel*
*des eigenen Selbst.*

*Ahhhh!*
*Wunderbar!*

*Ein blauer Himmel und*
*die festen Felsen schwanken nicht!*

*Sehende Augen,*
*die das Licht der Liebe leuchten!*

*Im Himmel des eigenen Selbst,*
*das überall ist.*

*Es gibt nichts Anderes.*

*Spiel des Lebens*

*Sie war überzeugt*
*120 Jahre zu leben.*
*Er konnte nicht glauben*
*so lange zu sein.*

*Die Sterne*
*bewiesen das Gegenteil.*
*Also singen sie ihr Lied.*

*Eine andere Sonne am Morgen.*
*Eine neue Liebe,*
*obwohl die Liebe Eins ist.*
*Das alte Lied.*

*Der Mond,*
*er geht gerade auf.*
*Das Schicksal*
*hat keinen Ausgang.*

*Eine Wahl gibt es nicht.*
*Aus Schritten werden Kreise.*
*Das Spiel des Lebens,*
*es spielt.*

*Nicht ernst sein,*
*nur den endlosen Weg gehen.*

*Die Liebe ist heilig und der Tod göttlich*

*Nur Liebe ist der Schlüssel.*
*Nur Liebe macht uns frei.*

*Ja, Blumen – überall.*
*Der Tod bedeutet uns Heil.*

*Der Heiler*

*Ein wahrer Heiler*
*wird nie ein Händler sein.*

*Ein wahrer Heiler*
*wird das Licht teilen.*

*Ein wahrer Heiler*
*kümmert sich nie um Gewinn*
*oder Verlust.*

*Ein wahrer Heiler*
*weiß, dass Gott seine Sicherheit ist.*

*Ein wahrer Heiler*
*ist ein Niemand.*

*Die Schale*

*Meine Klangschale,*
*sie singt und singt.*

*Meine Klangschale*
*sie schwingt und schwingt.*

*Meine Klangschale*
*Liebe und Freude.*

*Ein Bettelschale,*
*war sie einst.*

*Damals,*
*bevor ich aufgegeben habe.*

## Herrlichkeit

*Jeder Schritt*
*bereitet nur den nächsten vor.*

*Steine und Staub,*
*seit langem heruntergeschüttelt.*

*Blumen,*
*in einem tropischen Dschungel,*
*duften nur eine Weile.*

*Die Mutigen*
*kommen nicht zurück.*

*Der Himmel und die Trompeten.*
*Ja, Herrlichkeit!*

*Von Herrlichkeit*
*zu Herrlichkeit!*

*Ewigkeit und Liebe.*
*Das Leben ist wie der weite Himmel.*

*Sieh Gnade,*
*Farben verblassen im Licht.*

*Über das Nichts hinaus,*
*welches voll ist.*

*Das ist das Leben!*

## *Mein Herz*

*Mein Herz ist berührt*
*durch das Leben,*
*durch seine heiligen Formen,*
*die nach mir streben.*

*Zusammen sein und*
*alles erweist sich als Glückseligkeit.*
*Auch als einer allein,*
*das Lied, es endet nie.*

*Immer die Sonne,*
*in jeder Hinsicht erleuchtet sie.*
*Leben ist Liebe.*
*Wer bleibt bei mir?*

*Der Spiegel*

*Die tiefste Ansicht, die ich fand*
*kehrte alles in mir herum.*
*Auf der anderen Seite,*
*sind alle Arme weit geöffnet.*

*Keiner von uns bleibt,*
*in Gottes Nest alleine.*
*Die Schönheit wird nie enden,*
*und Gnade ist die einzige Polizei.*

*Alles, was kommt und geht.*
*Nicht mehr Teile*
*sind mir noch bekannt.*
*Nur das Eine,*
*das immer frei ist.*

## *Purnima*

*Purnima, der Vollmond,*
*leuchtet Tag und Nacht.*

*Wer hat ihn gesehen,*
*in seiner ganzen Schönheit,*
*und vor ihm meditiert?*

*Purnima, der Erleuchtete*
*hat dich gesehen.*

*In der Nacht,*
*die bestimmt war.*

*Purnima, deine Gnade*
*leuchtet immer dar.*

*Für alle, die aufrichtig und reinen Herzens unbeirrbar nach der Wahrheit streben wird Gott das Tor eines Tages öffnen.*

*Mein Dank gilt an dieser Stelle meinem Guru Jivanmukti. Ohne Jivanmukti wären diese Gedichte nicht entstanden. Es entspricht der indischen Siddha Tradition seine Erfahrungen in Form von Gedichten auszudrücken.*

*Nachwort*

*Diese Gedichte Sammlung ist innerhalb von zwei Jahren, zwischen 2014 – 2016, entstanden. Während dieser Zeit habe ich an einer Energieübertragung, die sich Shaktipath nennt und aus der indischen Tradition des Siddha Yoga stammt, teilgenommen.*

*Hierbei überträgt ein erleuchteter Meister einem Schüler seine erwachte Kundalini Energie. Die Kundalini Energie ist die kosmische Energie, die im Wurzelchakra jedes Menschen ruht. Beim erwachten Menschen ist sie die Wirbelsäule bereits hochgestiegen und hat das Gehirn erleuchtet. Erleuchtung ist auch ein biochemischer Prozess.*
*Im menschlichen Gehirn findet die Unio Mystica, die Hochzeit zwischen Shiva und Shakti statt, welche das Tor zur kosmischen Einheit öffnet.*

*Die Kundalini Energie ist die Energie des menschlichen Bewusstseins. Erwacht diese Energie, erwacht das Bewusstsein.*

*Es wird stufenweise oder plötzlich von den Schleiern der Maya, der Illusion und Dualität befreit. Daher nennen die Siddha Yogis einen erwachten Menschen auch Jivanmukti, einen zu Lebzeiten befreiten Menschen.*

*Die Nebeneffekte des spirituellen Weges sind Gesundheit, innere Kraft und Harmonie. Dennoch folgt nach dem Kundalini Erwachen die Kundalini Transformation. Um dabei zu helfen die Hürden und Tiefen der Transformation zu meistern, manifestiert das eigene Bewusstsein den Guru. Der Guru ist ein Spiegel des eigenen erwachten Bewusstseins.*

*In Indien sagt man unsere Mutter ist unser erster Guru. Aber irgendwann müssen wir ihr entwachsen. In etwa so, wie der Mensch in einen Körper geboren wird, den die Mutter beschützt, möchte der Mensch sich auch seelisch vollenden und geboren werden und dieser Vorgang wird vom Guru beschützt. Es gibt aber auch Meister, die ihren Guru in allem Möglichen, vom kleinen Kind bis zum Baum sahen - oder ihn in sich selbst gefunden haben.*

*In einer Zeit, mit einer von den Generationen vor uns in vielen Bereichen halbwegs zerstörten Erde und ihren vielen geführten Kriegen, ist es vielleicht besonders für die Jugend wichtig zu erfahren, dass Gott uns niemals im Stich lässt, wenn wir ihm wirklich vertrauen.*

*Einem spirituellen Weg zu folgen kann diese Erfahrung ermöglichen. Welcher Weg für einen Menschen der richtige Weg ist, die Antwort darauf kann jeder nur in seinem Herzen finden.*

*Immer mehr Menschen erwachen in dieser Zeitenwende. Die Geburt des Neuen ist ohne den Untergang des Alten nicht möglich. Erst wenn viele Menschen den Geist des Friedens und der Liebe ausstrahlen und verbreiten, dürfen wir auch auf eine friedliche und liebevolle Welt hoffen. Daher ist jeder Mensch, der bei sich selbst beginnt und sich in diese Richtung entwickelt, ein Licht für die Welt.*

*Inhalt*

*Inhalt*

*Inhalt*

*Inhalt*

*May siddha blessings always be with you.*